Hebra de agua

Gimena Romero

thule

Mi mamá me enseñó a bordar.
Pero esa fue una de muchas cosas.

Cosas de colores, cosas que crecen
cuando se comparten.

Como el tiempo.

Mamá me visita en pijama y en sueños.

Yo balbuceo todas las condensaciones del recuerdo.

Cantar tan equivocadamente
nunca fue tanto un acierto.
Mamá sabe de las implicaciones de un deseo.

Y pide tres
y pide cuatro,
parcha la noche.

Para que no nos
pesque el amanecer
y vuelva en pijama
y de los sueños.

Mi madre es la mejor definición
de suerte que ha existido.
Mamá baila como loca.

Mamá es aguafértil.
Mamá acorta las distancias,
brinca en los charcos.
Cuando llega el otoño
le cambia la cara y le juro
que odio a todas las flores marchitas.

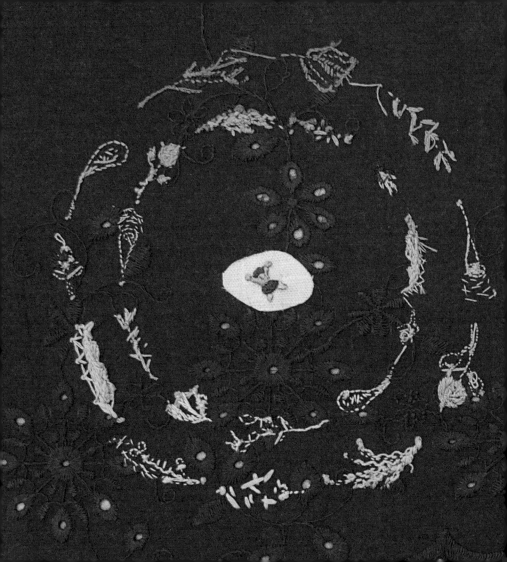

Mamá no pide un deseo, pide tres.
Pide cuatro.

Mamá baila locamente.

Se hace vapor, se hace nube, se la lleva el viento.

Se la lleva a hacerse río, a hacerse pozo,

a recibir monedas y a ver pasar el tiempo.

Mamá es aguasuerte.

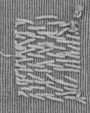

Siempre tuve mucho miedo de convertirme en ella.

Sobre todo porque pensé que no podría hacerlo.

A veces le miento.

Que no me duele,
que no crezco,
que no tengo frío,

que no le miento.

Y es que así la cuido a veces de quererme tanto, la mantengo calientita para que me regrese las nubes que le mando en forma de lluvia.

Pero es que te quiero, mami, por eso te miento.

Que tus besos se hagan palabras, mamá.

Aguafértil, aguasuerte,
el jugo de mi lucha de palabras, como
siempre, llora, se evapora y se equivoca.
Balbuceo tus palabras de memoria,

se me hace agua la boca.

Una pausa disfrazada
de silencio. Y de este
modo es que me
regresa la mirada.

Hasta inhalar y levantarse y
hacerse nube a cantar de río
y hacerse pozo a ver como
yo le miento.

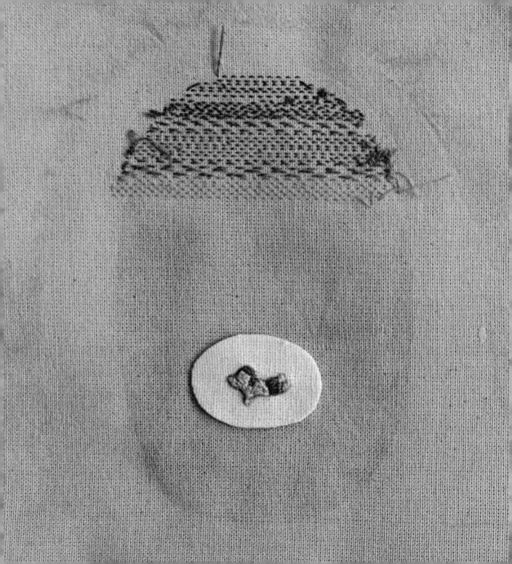

De este modo entendí que
mi madre es parte
fundamental de mi tiempo.
Viaja con agua, viaja con fruta
fresca, viaja en cada uno de
mis intentos.

Un paisaje con sus frutos de palabras
se equivoca. Y es que busco formas de
nombrarte, mamá.

Mamá flora,
mamá domingo.
Mamá domingo, chocolates y en la cama.

Aguasuerte de mil besos.

¿Y cómo convertirse en ella? Claro que no. No puedo.

Me convierto en otra cosa.

Me convierto en otra cosa.

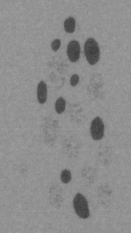

En algo diferente, guardado y calientito,
algo que regresa en forma de lluvia con aliento,
aquí, cerquita y bajito.

Una palabra en forma de pozo y en forma de río.

Algo que cumple tres deseos.
Cuatro.

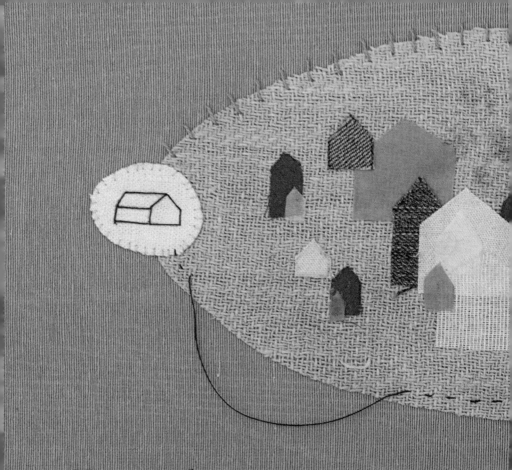

Mamá me enseñó que el camino a casa no se olvida.
Mamá y yo siempre seremos amigas.

Jugamos a que esto de la vida sea otro encuentro.
Ganamos cantando en palabras de río,
ganando monedas y deseando que no pase el tiempo.

Y pedimos uno y pedimos tres,
cuatro deseos.

Y así sea yo muy grande y haya caminado hasta muy lejos, el resto de mis días los pasaré aquí.

En el seno de su risa,
haciéndome moneda
para encontrar un pozo
y esperar a ser deseo.

Hebra de agua
Primera edición: mayo de 2016

© 2016 Gimena Romero
(imágenes y texto)
© 2016 Thule Ediciones, SL
Alcalá de Guadaíra 26, bajos
08020 Barcelona

Director de colección: José Díaz
Diseño: Pedro Aragón y G. Romero
Maquetación: Juliette Rigaud
Fotografía: Gimena Romero

EAN: 978-84-15357-95-7
D. L.: B-5972-2016

Impreso en Índice, Barcelona, España

www.thuleediciones.com

A mi madre, que es aguasuerte.